AF360115

MALÂKA

HISTOIRE DES ROIS MALAYS

DE MALÂKA

ET

CÉRÉMONIAL DE LEUR COUR

Traduit et extrait du Livre des Annales malayses, intitulé en arabe
Selâlet al Selâtyn, en malay *Peraloran Radja-radja malayou*,
et généralement connu sous le nom de
Sadierat malayou,

PAR

ARISTIDE MARRE

OFFICIER DE L'UNIVERSITÉ, MEMBRE DE LA SOCIÉTÉ ASIATIQUE.

PARIS

CHEZ MAISONNEUVE ET Cⁱᵉ, LIBRAIRES-ÉDITEURS
15, QUAI VOLTAIRE.

1874

Extrait n° 6 du
Compte-rendu du *Congrès international des Orientalistes*.
—
1re SESSION — PARIS — 1873.

A SUA ALTEZA REAL

DOM AUGUSTO

DUQUE DE COIMBRA

DE GRANDE NOME ET DE GRANDE GLORIA, AMADOR E
PROTECTOR DAS LINGUAS DO ORIENTAL
ARCHIPELAGO

ESTA OBRA PEQUENINA
HE DEDICADA

Aristide Marre.

Pariz, 1874.

MALÂKA

HISTOIRE DES ROIS MALAYS DE MALÂKA

ET

CÉRÉMONIAL DE LEUR COUR

1252. 1. — Radja Iskander Châh [1].

Radja Iskander Châh régnait depuis trente-deux ans à *Singapour*, lorsque trahi par l'un de ses ministres *Sang Rand-*

---

[1] Le fondateur de la ville de *Malâka* porte le nom d'Alexandre, et ce fait n'a rien qui doive surprendre, si l'on réfléchit qu'il est de tradition constante dans tout l'extrême Orient que les souverains de Roum (Constantinople), de Chine et de Sumatra descendent d'Alexandre le Grand.

Le *Sadjeral malayou* raconte, en effet, que l'un des plus puissants rois de l'Inde, nommé *Kidâ Hindi*, vaincu et généreusement traité par Alexandre, lui donna sa fille en mariage, et que, du héros macédonien et de la belle *Chaher El Bériah*, naquit un fils, *Radja Astoun*, tige d'une suite de princes hindous, parmi lesquels l'un des plus remarquables fut *Radja Sourân*. L'un des descendants de Radja Sourân, descendu sur le mont *Sagantang-Mahamirou*, s'était établi d'abord à Palembang en Sumatra, et c'est par lui que les rois malays de Palembang, ceux de Menang-Kabau, de Pagarouyong, de Madja-pahit, de Tandjong-pura, de Bintang, de Singapour et de Malâka pré-

joun Tapa, qu'il avait cruellement outragé, il fut vaincu par les Javanais de *Madjapahit*, qui conquirent son royaume et l'en chassèrent. Le prince malay arriva en fugitif d'abord à *Moar*, de *Moar* à *Kotabourou*, puis à *Sangang Oudjong*, et enfin sur les bords de la rivière *Bartam*. Là seulement il se crut à l'abri de la poursuite de ses ennemis, et il s'arrêta.

Un jour qu'il se livrait au plaisir de la chasse, il était assis sous un arbre lorsque tout à coup il aperçut un de ses chiens qui était aux prises avec un *pélandok* (chevrotain) blanc. A son grand étonnement son chien fut terrassé et culbuté dans la rivière. Le roi demanda le nom de l'arbre sous lequel il se trouvait assis au moment de cette lutte singulière, et apprenant que cet arbre s'appelait un ملاك *malâka :* « Eh bien alors, dit-il, ce sera le nom de la ville que je veux fonder ici même! » Et la ville de *Malâka* fut ainsi fondée et dénommée en l'an 1252 de J. C. [1].

Dans la croyance superstitieuse du prince et de tous les Malays, un pays où l'on rencontrait des chevrotains si hardis et si vigoureux devait être un pays prédestiné à ne donner le jour qu'à de vaillants hommes.

II. — Radja Bessar Mouda.

A la mort de *Radja Iskander Chah*, son fils *Radja Bessar*

---

tendent être les descendants d'Alexandre le Grand. Un roi de Chine ayant épousé la princesse Sri-Dévi, fille de *Sang Sapourba*, roi de Palembang, descendant de *Radja Sourân*, en avait eu un fils, et dit encore le *Sadjérat Malayou*, c'est de ce fils que sont issus les rois de la Chine.

[1] Le *malâka* est une espèce de myrobolanier qui croit en grande quantité dans le pays, et qui a donné son nom à la ville, et plus tard à toute la péninsule malayse.

La ville d'*Atchin*, ou mieux *Atchéh*, doit également son nom à un arbre commun dans cette région de *Sumatra*.

Madjapahit, la capitale de l'empire javanais jusqu'en 1478, aussi

Mouda lui succéda à *Malaka*. C'était un prince d'un caractère doux et affable. Il établit des *mantri* ou conseillers d'Etat pour veiller à l'observation de ses ordonnances ; il institua quarante *bantara*, dont la fonction principale était de faire connaître au peuple les ordres du Souverain, et au Souverain les vœux et les désirs de son peuple. C'est encore lui qui créa les *bédouanda* ou messagers royaux.

Radja Bessar Mouda eut trois fils : *Radin Bagous*, *Radja Tengah* et *Radin Anoum*. Ces trois princes épousèrent les trois filles du bandhara *Toun Pérapátih Toulos*. A la mort de ce dernier, *Radin Bagous* lui succéda dans sa charge de bandhara et prit le nom de *Toun Pérapátih Permouka Berdjadjar*. A la mort du roi *Radja Bessar Mouda*, ce fut son second fils *Radja Tengah* qui lui succéda sur le trône de *Malaka*.

III. — Radja Tengah.

Le règne de ce prince fut de très-courte durée. A sa mort, arrivée en 1276, son fils *Radja Ketchil Bessar* lui succéda.

---

bien que l'ile de Madja, ont emprunté leur nom au *madja*, sorte de fruit, et madjapahit signifie, à la lettre, *madja amer*.

Djambou, nom de lieu très-connu, est, en même temps, celui d'un arbre très-répandu, non-seulement en Malaysie, mais aussi dans l'Inde.

Il est inutile de multiplier ces exemples, mais il convient de remarquer que rien ne semble plus naturel et plus simple que le choix de semblables dénominations.

Aussi les noms de lieux malays, qui ont une signification connue, proviennent-ils, le plus souvent, d'un arbre, d'un fruit, d'un animal, de l'existence d'une montagne ou d'une colline de configuration particulière, d'une fontaine ou d'une rivière dont les eaux étaient douées de certaines propriétés sensibles à première vue ; en un mot, de faits pris dans l'ordre physique. Jamais, ou presque jamais, ces noms ne sont l'expression symbolique d'idées purement abstraites.

1276.   IV. — Sultan Mohammed Châh.

Ce prince juste et libéral protégea le commerce', et sous son règne, qui ne dura pas moins de cinquante-six ans, *Maláka* se transforma. Il épousa sa cousine, la fille du bandhara *Toun Pérapátih Permouka Berdjadjar* et en eut deux fils, l'un nommé *Radja Ketchil Membang*, et l'autre nommé *Radja Magat*.

Radja Ketchil Bessar régnait depuis longtemps déjà, lorsqu'un navire arabe commandé par *Sidi Abd el-Aziz* arriva de *Djeddah* en rade de *Maláka*. Le roi embrassa l'islamisme, et avec lui et par ses ordres tous les grands et le peuple. Ce fut alors qu'il échangea son nom contre celui de *Sultan Mohammed Châh*. Son bandhara reçut le nom de *Sri Ouak Radja* (c'est-à-dire oncle fortuné du Roi), et son autre oncle paternel *Radin Anoum* fut appelé *Sri Amar Diradja*.

Sultan Mohammed Châh, premier roi musulman de *Maláka*, réforma les lois et coutumes de son peuple; il régla l'étiquette et le cérémonial de sa cour [1]. Le pays de *Maláka,* sous son gouvernement, grandit et prospéra; il s'étendait déjà, à cette époque, du côté de l'Ouest, jusqu'à *Berouás Oudjong Karang*, et vers l'Est jusqu'à *Trengganou*. Les îles de *Lingga* et de *Bintang* faisaient partie de son territoire. Le port de *Maláka* était fréquenté par de nombreux marchands de tous les pays d'Orient et d'Occident. Une foule de princes venaient visiter le sultan Mohammed Châh, attirés par les agréments de sa ville capitale, par l'éclat de sa renommée personnelle et aussi par l'éclat que lui donnait aux yeux des nations son titre de descendant d'*Alexandre le Bicornu* (de *Macédoine*) et de *Nouchirvan Adel*, le grand roi du levant et du couchant.

---

[1] Nous avons traduit et annoté ce passage fort curieux du *Sadjerat malayou*, pour les *Mémoires* du Congrès international des Orientalistes, assemblé à Paris en septembre 1873. Voyez page 552 du 1ᵉʳ volume des Actes du Congrès, et page 21 du présent opuscule.

1332.   V. — Sultan Abou Chahid.

Sultan Mohammed Châh avait eu un fils nommé *Radja Kassim*, d'une de ses femmes nommée *Toun Wati*, laquelle était issue du mariage de *Mani Farandan*, prince du pays de *Kling*, avec *Toun Rana Sandari*, la fille de *Sri Nara Diradja*. Plus tard, le sultan avait épousé une fille du roi de *Rakan*, et il en avait eu un fils nommé *Radja Ibrahim*. Grâce aux obsessions de la reine, princesse de *Rakan*, ce fut ce dernier prince qui fut désigné comme son successeur par *Sultan Mohammed Châh;* en l'an 1332, il monta sur le trône de *Maláka* sous le nom de *Sultan Abou Chahid*.

Il n'eut de roi que le nom et laissa tout le pouvoir aux mains du roi de *Rakan*, devenu son tuteur et son favori tout à la fois. *Radja Kassim*, que le peuple affectionnait, fut chassé de *Maláka* par ordre du roi de *Rakan*, et réduit à la dure nécessité de se faire pêcheur. Mais il revint bientôt, et, en une nuit de l'année 1334, un coup de main habilement conduit et exécuté par *Radja Kassim*, *Sri Nara Diradja* et un Arabe *Moulana Djélâl ed Dyn*, dont le navire se trouvait en rade de *Maláka*, renversa *Sultan Abou Chahid* et mit à sa place son demi-frère *Radja Kassim*. Dans cette nuit mémorable, racontée tout au long dans le *Sadjerat malayou*, le peuple de *Maláka*, en haine du favori, l'homme de *Rakan*, avait assailli et pris de vive force le palais du Roi ; les insurgés, malgré les ordres donnés par *Sri Nara Diradja*, se ruèrent sur le roi de *Rakan* : mais celui-ci, se sentant mortellement frappé, poignarda de sa propre main le jeune sultan *Abou Chahid*, qui ne l'avait point quitté un seul instant. Telle fut la fin tragique d'un règne purement nominal qui n'avait duré qu'un an et cinq mois [1].

---

[1] Le récit complet et détaillé de ce coup d'État nocturne qui changea le gouvernement de *Maláka*, en l'an 1334 de J. C., avait été traduit par

1334.   VI. — Sultan Motlafer Chàh.

Sultan Motlafer Chàh, tel est le nom qu'avait pris *Radja Kassim* en montant sur le trône, acquit la réputation d'un grand roi. C'est par ses ordres que fut rédigé le livre des Ondang-Ondang, compilation des anciennes coutumes. Habile politique, *Sultan Motlafer Chàh* sut gouverner sagement à l'intérieur et se faire respecter de tous les princes ses voisins. Seul, le roi de *Siam*, *P'hu-Bun-Yang*, que le chroniqueur malay appelle *Boubania*, lui déclara la guerre et envoya contre lui une armée formidable commandée par *T'ha-Wi-Tchakri*, qui fut obligé de battre en retraite sans avoir pu parvenir jusqu'à *Malàka*. Le roi de *Siam*, furieux de ce premier échec, que dans son orgueil il croyait impossible, ne tarda pas à envoyer une seconde armée sous le commandement en chef de *T'ha-Wi-Ditchou*; mais ce général fut mis en fuite et poursuivi jusqu'à *Singapour*. Le roi *P'hu-Bun-Yang* prépara alors une troisième expédition qu'il voulait diriger en personne ; cédant aux instances de son propre fils, *Chaw-pan-dam*, il consentit enfin à lui en confier le commandement. Le jeune prince allait partir lorsqu'une mort subite l'arrêta tout à coup et fit ajourner indéfiniment la guerre contre *Malàka*. Après un règne glorieux de quarante-deux ans, *Motlafer Chàh* mourut à son tour, et son fils *Radja Abdallah* lui succéda sous le nom de *Sultan Mansour Chàh*.

1376.   VII. — Sultan Mansour Chàh.

Ce prince, remarquable par sa beauté physique et sa haute

---

nous pour être communiqué au Congrès international des Orientalistes. Il n'a pu, faute de place, entrer dans le premier volume. Nous nous proposons de le publier prochainement.

intelligence, n'avait que vingt-sept ans lors de son avénement
à la royauté. Un de ses premiers actes fut la conquête de *Pahang*
sur *Maha Radja Déva Soura*, parent et vassal du roi de *Siam*,
qu'il emmena prisonnier à *Maláka*. Il épousa la belle princesse de *Pahang*, *Wanang Sri*, la fille de son prisonnier, et
en eut deux fils, *Radja Ahmed* et *Radja Mohammed*. Depuis
longtemps déjà il n'y avait plus de rapports entre les pays de
Siam et de *Maláka*, lorsque *Sultan Mansour Cháh* voulant
mettre un terme à cette situation mal définie, qui n'était ni la
paix ni la guerre, et préjudiciait aux intérêts bien entendus
des deux royaumes, résolut d'envoyer une ambassade au roi
de *Siam*. Grâce à la prudence et à l'habileté politique du bandhara et des deux envoyés qu'il désigna au choix du Roi, *Toun
Telani* et le conseiller *Djana Patara*, des rapports d'amitié et
d'entente cordiale furent établis entre les souverains de *Siam*
et de *Maláka*.

Le bruit de la beauté extraordinaire de la fille du Batara (Souverain) de *Madjapahit* étant parvenu jusqu'à *Mansour Cháh*,
le sultan partit avec l'élite de sa cour et de la jeunesse de *Maláka*, pour aller demander au Batara de *Madjapahit, Sang
Adji Djaya Ningrat*, la main de la princesse *Radin Gálah
Tchandra Kirána*, sa fille. La flotte qu'il amenait à *Java* suffi-
sait à donner une haute idée de sa puissance : cinq cents *prahau* équipés à *Maláka*, cent *lantcharan* à trois mâts à *Singapour* et autant à *Songgey-Raya*. En outre, quarante jeunes
hommes et quarante jeunes vierges choisis dans les premières
familles du royaume, les radja d'*Indragiri*, de *Palembang*,
de *Djambi*, de *Lingga* et de *Toungal* accompagnaient le Sultan
Mansour Cháh à *Madjapahit*.

A la cour du Batara, où il séjourna quelque temps, ses
qualités personnelles et sa magnificence le firent triompher de
tous ses compétiteurs, et son mariage fut célébré à *Madjapahit* après quarante jours et quarante nuits de fêtes et de réjouis-
sances non interrompues. *Sultan Mansour Cháh* revint radieux
à *Maláka*, emmenant avec lui la jeune et charmante princesse

de *Java*, après avoir obtenu de son beau-père la cession d'*Indragiri*, *Siantan* et *Palembang*, royaumes de la grande île de *Sumatra*, et qui depuis longues années reconnaissaient la suzeraineté du Batara javanais de *Madjapahit* [1]. Le Sultan *Mansour Châh*, de retour dans sa capitale, donna sa fille, la princesse *Bakal*, en mariage au radja d'*Indragiri*, et celui-ci, retenu à la cour de *Malaka*, n'eut plus la permission de retourner à *Indragiri*. Tout réussissait au fortuné *Mansour*. La princesse de *Madjapahit* lui donna bientôt un fils qui reçut le nom de *Radin Galang*. Il en avait déjà plusieurs de la fille de *Sri Nara Diradja*, mais entre tous ses enfants se faisait remarquer, pour les qualités du corps et de l'esprit, *Radja Hossaïn* qu'il avait eu de la plus jeune sœur de son bandhara, l'illustre *Padouka Radja*. Comme nous le verrons tout à l'heure, ce fut ce jeune prince qui devint roi de *Malaka* à la mort de son père.

La réputation de *Sultan Mansour Châh* étant parvenue en *Chine*, le Souverain du Céleste-Empire envoya une lettre et des présents au Roi de *Malaka*. La lettre commençait ainsi : « Cette lettre (partie) de dessous les babouches du Roi du Ciel (va) au-dessus de la couronne du Roi de *Malaka*. » L'un des motifs indiqués au préambule de la susdite lettre comme faisant rechercher la bonne amitié du Sultan, c'est que le roi de Chine, lui aussi, descend du roi *Alexandre le Bicornu*. Le Sultan *Mansour Châh* répondit aux avances qui lui étaient faites, par une lettre et des présents magnifiques. D'un autre

----

[1] C'est ce qui explique comment, bien longtemps après, on était encore dans la coutume, à Palembang, d'employer les caractères arabes-malays dans les correspondances privées, et les caractères javanais lorsqu'on écrivait aux princes qui gouvernaient le pays. C'est ce qui explique encore ce fait, signalé par Marsden, qu'à Palembang le commerce avec les étrangers se fait en malay, mais qu'entre eux les habitants de ce pays parlent cette langue mêlée de javanais vulgaire.

côté, les ambassadeurs qu'il avait choisis firent si bien les affaires de leur maître, que le Roi de *Chine* accorda sa fille, la princesse *Hong-Li-Po*, en mariage au Sultan de *Malâka*, et la lui envoya avec une ambassade et cinq cents jeunes enfants de ses officiers. Ces enfants devenus grands formèrent, plus tard, la colonie chinoise que l'on trouve encore établie, de nos jours, sur la colline qui leur fut concédée par *Mansour Châh*, et que l'on a toujours appelée depuis *Boukit tchina* (la colline des Chinois) [1]. La princesse *Hong-Li-Po*, ayant embrassé l'islam, épousa le Sultan *Mansour Châh*, et lui donna un fils nommé *Padouka Meimout*. Dès lors et pour un long temps s'établirent des rapports de bonne amitié entre la *Chine* et *Malâka*.

A la même époque, le *Sang-adji* (roi) de *Borounéi* (Bornéo) fit alliance avec le Sultan *Mansour Châh*. Le conseiller d'Etat *Djana Patara* et *Toun Télani* avaient été jetés sur les côtes de *Bornéo* par la tempête, et ces deux fidèles serviteurs du Roi en avaient habilement profité pour donner ce nouvel et puissant allié à *Malâka*.

On doit encore mentionner, comme événements mémorables du règne de *Mansour Châh*, d'abord la guerre maritime entreprise par *Samaloko*, prince de *Mangkassar*, hardi corsaire qui, après avoir pillé et ravagé les côtes de *Java, Siam, Singapour, Sumatra*, fut chassé du détroit de *Malâka* par le *laksamana* (grand amiral) du Sultan *Mansour Châh*. On doit mentionner, en second lieu, la guerre faite à *Pasey*, pour y restaurer sur son trône le Sultan légitime, qui en avait été chassé par son frère cadet. Promptement rétabli par la force des armes de *Mansour Châh*, il fut une seconde fois renversé

---

[1] Cette colline des Chinois est la butte Montmartre de *Malâka*. Elle a cet avantage sur la colline parisienne, qu'il s'y trouve un puits célèbre creusé par les Chinois et qui, encore à présent, fournit aux vingt-cinq mille habitants de Malâka une eau délicieuse et qui n'a guère son égale sur aucun autre point du globe.

par son frère, aussitôt après le départ des troupes de *Maláka*.
Le Bandhara *Padouka Radja* était encore à *Djambou-Ayer*
lorsque la nouvelle lui en parvint, et il se refusa absolument,
malgré les pressantes instances du *laksamana* (grand amiral)
et du *Sri Bidja Diradja* (général en chef ou maréchal), à retourner à *Pasey*, à cause du juste mécontentement qu'il avait
ressenti de l'attitude et du langage du sultan de Pasey, le jour
même qu'il le rétablissait sur son trône.

Radin Galang, le fils de *Sultan Mansour* et de la princesse
de *Madjapahit*, était l'héritier présomptif désigné de la couronne de *Maláka*, mais il périt misérablement dans une lutte
corps à corps avec un furieux qui *courait l'amok* et qui tomba,
lui aussi, mortellement frappé. D'autre part, *Padouka Meimout*, le fils de *Mansour* et de la princesse de Chine *Hong-Li-Po*,
étant mort prématurément, ce fut *Radja Hossaïn*, un fils que le
Sultan avait eu de la plus jeune sœur du Bandhara *Padouka
Radja*, qui devint roi de *Maláka*. Les dernières paroles de
Mansour Châh mourant à son fils *Radja Hossaïn* méritent
d'être rapportées.

« *O Hossaïn*, dit-il, rappelez-vous que ce monde n'est pas éter-
nel, et que tout ce qui vit doit mourir; rien n'est immortel, ex-
cepté les bonnes œuvres. Je souhaite donc qu'après moi vous
rendiez justice à tous et ne priviez jamais personne de ses droits
légitimes! » Cela dit, le Sultan rentra dans le sein du Dieu de
miséricorde, et fut remplacé sur le trône par *Sultan Ala-ed-
Dyn*.

VIII. — Sultan Ala-ed-Dyn Rayat Châh.

Devenu Roi de *Maláka*, *Radja Hossaïn* prit le nom de *Sultan Ala-ed-Dyn Rayat Châh*.
Voyant *Maláka* infesté de voleurs de nuit, il sut débarrasser
promptement sa bonne ville capitale de ce fléau et rendre la sé-
curité aux habitants par la terreur salutaire qu'il inspira aux
brigands eux-mêmes. Déguisé en voleur, il parcourait de nuit

les rues de *Malāka*, accompagné de deux ou trois vaillants
compagnons comme lui, et malheur aux bandits qu'il
rencontrait, car il était sans merci pour eux! Armé de
sa hache bien affilée et d'excellente trempe, il lui arriva
souvent de couper en deux, par le milieu du corps, le bandit
qu'il attrapait. Il ordonna que tout individu qui trouve-
rait un objet perdu, et ne le rapporterait pas dans un lieu spé-
cial de dépôt établi *ad hoc* dans chaque carrefour de la ville,
aurait la main coupée. Grâce à ces mesures excessivement
énergiques de répression, personne n'osa plus être voleur à
Malāka.

Le Roi de *Harou* s'étant mis à ravager les côtes du pays de
Malāka, depuis *Tandjong Touan* jusqu'à *Djagara*, le Sultan
Ala-ed-Dyn envoya contre lui une flotte inférieure en nombre,
mais qui le battit complétement et l'obligea à solliciter la
paix.

Le Roi de *Siak* avait fait mettre à mort un de ses sujets
sans en donner avis préalable au Roi de *Malāka*. Celui-ci envoya le *laksamana* pour instruire cette affaire, et le Roi de
Siak fut obligé de demander pardon, pour cet acte, à son seigneur suzerain. Telle était la coutume autrefois que, ni dans
la terre de *Malāka*, ni dans aucune des contrées qui en dé-
pendaient, il n'était permis de mettre à mort une seule personne, sans que le Sultan de *Malāka* en eût été dûment in-
formé.

Radja Menawar, fils aîné du *Sultan Ala-ed-Dyn*, avait été
fait roi de *Kampar*, du vivant de son père; quand le Sultan
fut à son lit de mort, il désigna un autre fils, *Radja Mouda*,
pour lui succéder à *Malāka*.

1477.   IX. — Sultan Mahmoud Châh.

A son avénement, *Radja Mouda* prit le nom de *Sultan Mahmoud Châh*. Jeune encore, il avait été instruit avec le plus

grand soin dans l'art de gouverner. Son port et son maintien
le faisaient remarquer entre tous ; entre tous encore, il se dis-
tinguait par sa force et son courage. Il épousa la fille du Sultan de *Pahang* et en eut trois enfants : le premier, un fils
nommé *Radja Ahmed;* le second, une fille, et le troisième, un
fils nommé *Radja Mouda.*

Le prince s'entoura bientôt de favoris et de mignons dont
les quatre principaux étaient *Sri-Ouak-Radja, Toun Omar,
Hang Issi Pantas* et *Hang Hossaïn.* Leurs volontés ou plutôt
leurs caprices étaient toujours admis, encouragés ou par-
donnés par le Sultan, même lorsqu'ils étaient criminels.

Mahmoud Chah, tournant ses pensées vers la guerre, attaqua
et conquit rapidement le pays de *Mandjong, Pérak* et *Kalantan*. Le radja de *Bérouás*, vassal du Sultan, reçut le gouvernement du pays de *Mandjong.* Quant au royaume de *Kalantan*, à cette époque, il avait une certaine importance, et si
l'armée de *Malaka* le conquit aussi promptement, elle le dut
surtout à sa supériorité dans le maniement des armes à feu [1].
Le radja de *Kalantan* avait trois filles et un fils; le fils s'é-
chappa, mais les trois filles furent faites prisonnières et ame-
nées à *Malaka.* Le Sultan épousa l'aînée *O-nang-Kanong* et en
eut trois enfants.

A quelque temps de là, *Sri Maha Radja*, le vainqueur de
Kalantan, l'emporta sur huit concurrents, tous hommes d'é-
lite, et fut choisi pour être le Bandhara du royaume, sur la
désignation de la mère du Sultan. C'était un heureux choix,
car *Sri Maha Radja* était un homme remarquable sous tous
les rapports. D'une grande beauté physique, d'une tournure
distinguée, il plaisait à toutes les femmes; sa toilette était toujours riche, soignée et de bon goût, grâce à deux conseillers
qu'il consultait souvent, sa femme et son miroir qui, dit le

---

[1] Ce n'est qu'à cette époque, c'est-à-dire vers la fin du xv⁰ siècle,
que l'usage des armes à feu devint à peu près général en Europe.

Sadjerat malayou, était aussi grand que lui. Juste et équitable pour les sujets de son Roi, protecteur vigilant de tous les étrangers qui affluaient à *Maláka,* le nouveau Bandhara était chéri et vénéré de tous sans distinction. C'était la coutume, lorsqu'un navire levait l'ancre et que le *maâlim* (pilote) avait poussé le *vivat* du départ, qu'alors l'équipage tout entier s'exclamât en chœur : « Prospérité au port de *Maláka,* à ses bananiers, à son *pádi* (riz), à son eau, à sa colline, et aussi au *Bandhara Sri Maha Radja !* »

Servir les passions des rois fut toujours un moyen de réussir pour les courtisans. Le Bandhara de *Pahang* avait une fille d'une incomparable beauté, nommée *Toun Tidji ;* elle était fiancée au Roi de *Pahang.* Une nuit, elle fut enlevée par *Hang Nadim* de *Maláka* et un *nakhoda* (capitaine de navire) de ses amis, puis amenée au Sultan *Mahmoud Châh* qui en tomba éperdument épris et l'épousa. Inutile de dire que *Hang Nadim* fut généreusement récompensé par la faveur de son Roi. Mais il convient d'ajouter que, peu de temps après cet acte audacieux, le *laksamana,* voulant reconquérir les bonnes grâces de son maitre et s'inspirant d'un si bel exemple, s'en alla à *Pahang,* passa quelque temps dans l'intimité du Roi, et ne manqua pas d'en profiter pour lui enlever traîtreusement son éléphant favori nommé *Capiniang.*

Le pauvre Radja de *Pahang* à qui le Sultan de *Maláka* avait enlevé sa fiancée et son éléphant, se reconnaissant hors d'état de pouvoir se venger, se dégoûta du monde, abdiqua et se retira à *Loubok Palang,* où il se consacra tout entier aux exercices religieux et devint un *cheikh* vénéré, dont la mémoire s'est conservée dans le pays sous le nom de *Cheikh Marhoum.*

Dans ce temps un grand esprit de libertinage régnait à *Maláka* ; les mœurs du Roi laissaient beaucoup à désirer, et malheureusement son exemple trouvait de nombreux imitateurs. Son jeune frère *Radja Djenal,* débauché comme lui, donnait le ton à la jeunesse de *Maláka ;* la gaieté de son humeur et l'extrême beauté de ses traits en faisaient l'idole de toutes les

femmes de haute et basse condition, de la cour et des bazars.
L'adultère était très-fréquent, et presque toujours des meur-
tres et des vengeances sanglantes en étaient la suite. Mais le
Bandhara *Sri Maha Radja* demeurait l'âme du gouvernement,
la colonne de l'Etat, et au dehors la cité de *Malàka* était glo-
rieuse et redoutée. Ainsi le roi de *Siam* ayant envoyé le radja
de *Légor* attaquer *Pahang*, *Pahang* fut mis en état de défense
par les soldats de *Malàka*, et le radja de *Légor* fut battu et mis
en fuite. Un prince siamois du nom de *Chaw-Sri-Bangsu*,
après une victoire remportée sur *Radja Soleiman*, roi de *Kota
Maligey*, s'était fait musulman et était venu fonder la ville de
Patàni, dans la péninsule malayse, sur l'emplacement même
qui lui avait été désigné par ses astrologues ; il envoya un ambassadeur nommé *O-Khun-P'hun* au Sultan *Mahmoud Chàh*,
qui le reconnut pour son vassal et lui imposa le nom de *Sultan
Ahmed Chàh* de *Patàni*.

Vers le même temps le roi de *Kédah* vint à son tour rendre
hommage à *Sultan Mahmoud Chàh*, comme à son seigneur suzerain.

Au temps du Bandhara *Sri Maha Radja*, le port de *Malàka*
était devenu le marché le plus important des *Indes orientales*.
On y rencontrait toujours une multitude de vaisseaux et de
riches marchands venant du *Japon*, de *la Chine*, de *Siam*, des
Moluques, des côtes de *Coromandel*, de *Perse* et d'*Arabie*.
Depuis *Ayer-Léléh* jusqu'à l'entrée de la baie de *Moar*, ce n'é-
tait qu'un vaste marché abondamment fourni de toutes sortes
de marchandises. Depuis la ville de *Kelang* jusqu'à la baie de
Penadjar, les constructions se développaient tout le long du
rivage sur une ligne non interrompue. Tout individu qui serait
allé de *Malàka* à *Djagara* n'aurait pas eu besoin d'emporter
du feu, car n'importe où il lui aurait plu de s'arrêter, il aurait
trouvé des maisons habitées. La cité de *Malàka*, indépendam-
ment de ce qui était en dehors de son enceinte, contenait dix-
neuf *laksa* ou 190,000 habitants. Telle était la métropole de la
péninsule malayse lorsque apparut pour la première fois dans

ses eaux un navire *franggi* (européen); c'était un navire portugais venant de *Goa* pour commercer. Le capitaine fut parfaitement accueilli par le Bandhara et enchanté de tout ce qu'il vit pendant son séjour à *Maláka*. A son retour à *Goa*, il fit au vice-roi, *Alphonse d'Albuquerque*, un rapport tel, que celui-ci se hâta d'envoyer une flotte de sept vaisseaux et treize galions, commandée par *Gonsalve Péreira*, pour soumettre l'opulente ville de *Maláka*. Cette première expédition échoua, grâce surtout à la vigoureuse résistance promptement et habilement organisée par le Bandhara *Sri Maha Radja*. Les Portugais revinrent à *Goa*, la plupart avec la conviction que, tant que le Bandhara *Sri Maha Radja* vivrait, ils ne pourraient jamais réussir à s'emparer d'une ville qu'il défendait si bien. Quelques chefs ne craignirent pas d'exprimer cette opinion devant *Albuquerque*, qui se contenta de leur répondre : « Pourquoi parlez-vous ainsi? Il ne m'est pas permis de quitter *Goa* maintenant, mais, dès que je serai déchargé de ma viceroyauté et rendu libre, j'irai moi-même attaquer *Maláka*, et l'on verra bien si, oui ou non, j'en ferai la conquête. » En attendant qu'il fût libre d'agir, *Albuquerque* ajourna provisoirement l'exécution de ses desseins. *Sultan Mahmoud Châh*, délivré de tout danger présent, et se croyant à l'abri, pour l'avenir, de nouvelles attaques de la part des Portugais, se livra de plus belle, quoique déjà vieux, à toute la fougue de ses passions, et ne tarda pas à commettre le plus noir de tous ses attentats. Son fidèle Bandhara, *Sri Maha Radja* mariait sa fille, la belle et séduisante *Toun Fatimah* à *Toun Ali*, le fils de *Sri Nara Diradja*. Le roi fut invité à assister à la cérémonie qui consistait, pour les deux fiancés, à manger ensemble d'un plat de riz. Ce fut alors que, pour la première fois, *Sultan Mahmoud Châh* vit *Toun Fatimah*, et il retourna dans son palais le cœur plein d'un amour effréné pour la fille et d'une rage secrète contre le père. Le mariage ne s'en accomplit pas moins, et *Toun Fatimah* donna à son heureux époux un fils qu'on nomma *Toun Trang*. Le sultan, pendant ce temps-là,

cherchait un moyen d'assouvir sa fureur et d'assurer sa ven-
geance. Des plaintes mal fondées lui ayant été adressées par
des ennemis du Bandhara, il donna son propre *kris*, comme
marque de sa volonté souveraine, à deux de ses officiers, *Toun
Soura Diradja* et *Toun Indra Sagara*, et leur ordonna de tuer
le Bandhara. Le noble vieillard se livra à eux sans défense,
désarmant ses parents et ses gens, et alors il fut massacré sans
pitié avec son frère *Sri Nara-Diradja*, son fils *Toun Hassan* et
son gendre *Toun Ali*, le mari de *Fatimah*. Aussitôt que le
Bandhara fut passé de vie à trépas, le sultan prit pour femme
Toun Fatimah, et, mieux instruit des faux rapports qui avaient
été faits contre le Bandhara, il ordonna qu'on tuât *Radja Mo-
déliar*, l'un des coupables, qu'on empalât horizontalement
Kitoul, qui avait été l'âme de l'intrigue, et avec lui sa femme
et ses enfants, qu'on rasât sa maison et qu'on la jetât dans la
mer. Mais la belle et touchante *Fatimah*, devenue reine de
Malaka, ne connaissait plus la joie ; on raconte que, pendant
tout le temps qu'elle vécut avec *Sultan Mahmoud Châh*, on
ne la vit jamais sourire une seule fois ; on ajoute même que,
quand elle se trouvait enceinte, elle se faisait avorter, ne voulant pas avoir d'enfant du Sultan. Cette invincible mélancolie
d'une femme qu'il aimait éperdument donna au Sultan de la
tristesse et des remords, et le décida à abdiquer en faveur de
son fils *Ahmed*. Il se retira dans l'intérieur des terres au nord
de *Malaka*, et là, dans un endroit nommé *Kayou-Hara*, il se
livra à l'étude du soufisme sous *Mokhaddem Sadar Djihan*.

X. — Sultan Ahmed.

Alphonse Albuquerque, dit le *Sadjerat malayou*, après avoir
résigné sa vice-royauté, s'en alla en *Portugal* réclamer une
armada. Le Roi de *Portugal* lui ayant donné quatre grands
vaisseaux, cinq caraques et quatre galions, *Albuquerque* revint à *Goa*, où il équipa encore trois vaisseaux, huit galéasses,
quatre galions et quatre bâtiments plus petits, en tout qua-

rante-trois voiles. Cette flotte cingla droit sur *Malâka*. Dès
leur arrivée, les Portugais débarquent, Sultan *Ahmed* monte
sur son éléphant *Djinaïa* et se porte à leur rencontre. Les
Portugais sont repoussés et remontent sur leur navire. Le lendemain le combat recommence acharné, les canons portugais
font d'affreux ravages parmi les Malâkais; *Sultan Ahmed*, monté
sur un autre de ses éléphants et armé d'une longue lance, fait
des prodiges de valeur, quoique déjà blessé à la main. La victoire reste aux Portugais, et *Sultan Ahmed* s'enfuit jusqu'à
Pakoh, puis de là, en remontant la rivière, jusqu'à *Panarigan*.

Après cela, *Sultan Ahmed* et *Sultan Mahmoud*, son père, se
réfugièrent à *Pahang*, dont ils avaient tiré de grands secours
et où ils reçurent du Radja un excellent accueil.

Peu de temps après, les deux princes se séparèrent; *Mahmoud* se retira dans l'ile de *Bintang* et Sultan *Ahmed* alla
fonder une ville à *Kopéh*. Là, sa conduite méprisante envers
les nobles et les grands qui l'avaient suivi alluma le cour-
roux du Sultan *Mahmoud* qui envoya un de ses officiers le
tuer. Ainsi mourut le dernier Roi malay de *Malâka*, il fut en-
terré à *Boukit-Batou*. Quant à sultan *Mahmoud*, sa haine im-
placable de l'étranger ne s'éteignit pas avec son souffle de vie
dans la principauté de *Djohor* qu'il avait fondée; car, plus de
cent ans après, c'est de là et d'*Atchin* que partirent les coups
qui devaient renverser la puissance portugaise à *Malâka*, ...
au profit de la Hollande !

Lois somptuaires et Cérémonial établis par le Sultan Mohammed Châh,
roi de Malâka (**1276-1332**).

Sultan Mohammed Châh [1], le premier de tous, décida que le

---

[1] *Sultan Mohammed Châh* fut le premier roi musulman de *Malâka*.
Avant sa conversion à l'islamisme, il portait le nom de *Radja Kêl-*

jaune serait une couleur interdite. Il défendit qu'on la portât
au dehors, qu'on s'en servît pour mouchoirs, rideaux, coussins,
taies d'oreiller, tapis de lit, enveloppes et montures d'objets
quelconques. Il n'était pas permis d'employer cette couleur
à l'ornementation des maisons. Le vêtement ne devait se com-
poser que de trois pièces : le *kaïn* ou *kaïn-sarong*, le *badjou*
et le *destar* [1].

Il était défendu de construire des maisons avec appendices
en saillie, avec colonnes suspendues et ne reposant pas à terre,
avec colonnes passant au-dessus du toit et avec belvédère.
Il était défendu de les couronner de tourelles et de créneaux.

Il n'était pas permis de porter des bracelets ni des *kris* [2] avec
des ornements. Il était interdit d'avoir des anneaux d'or aux

---

chil Bésar. Pendant un règne qui ne dura pas moins de cinquante-six
ans, il fit fleurir la justice parmi ses sujets, agrandit son royaume,
établit un code de lois et coutumes, et s'acquit une grande renommée
au dehors. Son fils, *Sultan Abou Châhid,* lui succéda en 1332.

[1] Le *sarong* ou *kaïn-sarong* est la partie indispensable du vêtement des Malays des deux sexes. C'est une pièce d'étoffe longue de 6
à 8 pieds, large de 3 à 4, cousue bout à bout; le haut de ce vêtement
entoure la ceinture, tandis que le bas retombe sur les jambes. Son
nom, qui signifie fourreau, enveloppe, indique assez exactement la nature de ce vêtement.

Le *badjou* est une sorte de par-dessus qui descend jusqu'aux ge-
noux, et quelquefois plus bas encore. Pour les jeunes gens, il ne dé-
passe pas les hanches. On les fait ordinairement de toile de coton
bleue ou blanche; ceux des grands sont en étoffe de soie à fleurs.

Le *destar* est un mouchoir d'une étoffe fine de couleur, que les Malays arrangent d'une manière particulière et en forme de petit turban, laissant la partie supérieure de la tête découverte et exposée à
l'air.

[2] Tout le monde connaît maintenant ce que sont les *prahau* et les
kris des Malays; ces deux mots ayant été introduits dans la plupart de
nos langues d'Europe, il n'est pas besoin de les expliquer ici. Disons,
en passant, qu'à Malâka on portait le *kris* par devant et à Java par
derrière.

pieds, et même des anneaux creux, en or, avec fermoirs d'argent.

Nul vêtement ne pouvait être porté, s'il était enrichi d'or, sans la permission du Roi ; ceux à qui cette faveur avait été une fois accordée pouvaient le porter toujours[1]. Aucun homme, même de la plus haute condition, ne devait entrer dans le palais sans avoir un *kaïn-sarong*, un *sabei*[2] et son *kris* par devant. Si quelqu'un entrait dans le palais, avec son *kris* par derrière, le gardien de la porte le lui arrachait. Telles étaient, autrefois, les prohibitions édictées par les rois malays. Quiconque les transgressait faisait une offense à la Majesté royale, et il était condamné à une amende de cinq *kati*[3] envers le Souverain.

Le parasol blanc était plus que le jaune, et la cause de cela, c'est que le parasol blanc se voit de plus loin. Le parasol blanc était à l'usage du Roi, tandis que le parasol jaune était à l'usage des Princes.

Quand le Roi donnait audience dans la grande salle du pa-

----

[1] Dans le Précis de jurisprudence musulmane selon la doctrine Châféïte par Abou Chodja Al Isfahani, livre de date inconnue qui est la base de l'étude du droit mahométan dans l'Archipel indien, on lit :

« Il est défendu aux hommes de se vêtir de soie et de se parer d'or ou d'argent, mais cela est permis aux femmes ; il n'y a pas de différence dans cette défense entre beaucoup et peu d'or. Si une partie d'un vêtement est de soie, et l'autre partie de coton ou de toile ou de laine, ce vêtement est permis, si la soie n'en est pas la plus grande partie ». (Traduction du docteur Keijzer de Delft.)

[2] Le *sabei* est une sorte de gilet fermé, orné de boutons le plus souvent en filigrane d'or.

[3] Le *kati* est la livre malayse et javanaise ; elle équivaut à 625 grammes. Il faut 16 tahel pour faire un kati, et 100 kati pour faire un pikoul. L'amende de 5 kati d'or ou 3,125 grammes représenterait une valeur actuelle de 10,762 fr. 50 cent., le kilogramme d'or pur se payant sans retenue 3,444 fr. 444.

lais, le *Bandhara*[1], le *Penghoulou-bandhari*[2], le *Temonggong*[3], avec tous les ministres, les Grands et les *Sida-Sida*[4] étaient assis dans la nef; les princes étaient assis à droite et à gauche de l'estrade, les jeunes *Sida-Sida* trouvaient place parmi les

---

[1] Le بندهارا *bandhara*, dans le royaume de Malâka, était le personnage le plus élevé après le roi. Il était le premier des cinq grands officiers de la couronne : le bandhara, le penghoulou-bandhari, le témenggong, le sri-bidja-diradja et le laksamana. On peut dire que le bandhara était le ministre d'État, le conseiller privé du roi, le grand vizir.

[2] Le قثهول بندهاري *penghoulou-bandhari* (chef des bandhari), par la nature de ses fonctions, tenait à la fois du ministre des finances et du maréchal du palais.

[3] Le تهغكو *témenggong* nous semble pouvoir être assimilé à un ministre de l'intérieur, remplissant auprès du souverain des fonctions analogues à celles d'un grand chambellan.

Le titre de *témenggong* est un adjectif qualificatif javanais, il signifie proprement *excellent*, et dans la liste des titres portés par les princes et les grands de Java (p. 175 de la *Grammaire javanaise* de M. l'abbé Favre) on ne rencontre ce mot qu'une fois, en tête d'un titre, dont il est le résumé et l'abréviation :

Tumenggung mangku di ningngrat (l'excellent administrateur des terres). Peut-être ce mot de *témenggong* ou temonggong vient-il des deux mots javanais *temen* (juste) et *ageng* (grand), qualification qui conviendrait parfaitement à un administrateur des terres d'un royaume, c'est-à-dire à un ministre de l'intérieur.

[4] Le mot سيد *sida-sida* a toujours été traduit jusqu'à présent par *eunuque*; W. Marsden, dans son Dictionnaire, ne lui donne point d'autre sens, et pourtant nous croyons pouvoir affirmer que ce n'est point là certainement sa véritable signification.

Les *sida-sida* étaient des officiers du palais, supérieurs aux bantara et aux holobalang; dans les cérémonies ils prenaient place dans la partie de la salle d'audience réservée aux grands dignitaires et aux ministres; les jeunes *sida-sida* étaient confondus avec les bantara. Dans le *Sadjerat-malayou*, c'est-à-dire ce même ouvrage dont nous donnons ici un curieux fragment, on dit que la jeune et charmante *Wi Kasouma*, princesse de Madjapahit, souveraine de Java, voulant se

Bantara [1], et les jeunes *Holobalang* [2] se tenaient debout, au bas des degrés, le glaive sur l'épaule. A gauche du Roi, un *Grand-Bantara*; celui-là doit descendre d'un ministre et peut devenir *Bandhara, Penghoulou-bandhari* ou *Temonggong*. A droite du Roi, un *Grand-Bantara;* celui-là doit descendre d'un

---

choisir un époux digne d'elle par sa figure, son air et sa tournure, obtient du ministre d'État, son tuteur, Pâtih Aria Gadja Mada, qu'il fasse défiler, un à un, sous ses yeux, tous ceux de ses sujets jaloux d'obtenir avec sa main la royauté. Dans cette revue d'un nouveau genre passent, revêtus de leurs plus beaux habits et faisant les mines les plus gracieuses, princes, ministres, généraux, *sida-sida*, bantara, etc., etc., etc., les jeunes, les vieux, les grands, les petits, les tortus, les boiteux, les manchots, les aveugles, les sourds, les muets, etc., etc.

> Pour ceux-là passe, mais on ne s'attendait guère
> De voir les eunuques en cette affaire.

Sans autre preuve à l'appui que cette preuve historique, n'est-il pas permis de conclure ce que nous avions toujours pensé d'ailleurs, que les *sida-sida* ne sauraient être des eunuques?

[1] Les *bantara* étaient messagers du roi, hérauts et chambellans. Ils étaient préposés à la garde des ornements royaux. A leur tête étaient les *grands bantara* de droite et les *grands bantara* de gauche; les premiers pouvant aspirer à l'une des trois grandes charges civiles; les seconds, d'origine militaire, pouvant aspirer à l'une des deux grandes charges militaires. Les *grands bantara* avaient pour fonction spéciale de transmettre les ordres du souverain et de lui remettre les suppliques des sujets et les lettres des ambassadeurs.

[2] Les malaystes anglais traduisent toujours ce mot par « champion ». Les *holobalang* étaient des officiers de la garde du roi. Dans les récits malays, c'est toujours à un *holobalang* qu'on attribue les actes de force et de vaillance qui peuvent illustrer un brave guerrier, le champion de son roi. *Holobalang* signifie à la lettre *chef des soldats*, de *holo* ou *houlou* (tête, chef, en *javanais*) et *bala* (peuple, simples soldats, en *malay*).

Holobalang et peut devenir *Laksamana*[1] ou *Sri-Bidja-Diradja*[2].
Tous les *Holobalang* étaient assis dans une galerie latérale ;
quiconque, parmi eux, a le titre de *Sing-Satia* peut parvenir
au rang de *Sri Bidja Diradja* ; quiconque a le titre de *Sing-
Gouna* peut parvenir au rang de *Laksamana;* quiconque a le
titre de *Touan Pakrama*[3] peut parvenir au rang de *Bundhara*.
Les *Grands-Bantara*, au nombre de quatre ou cinq, recevaient et transmettaient les premiers les ordres de sa
Majesté, de préférence aux *Sida-Sida* assis dans la nef de la
salle d'audience et à l'exception des principaux ministres. Des
Nakhoda[4] de distinction étaient également assis dans la nef,
et les jeunes seigneurs, fils de noble race, étaient admis dans
une galerie latérale.

Les objets à l'usage du Roi, tels que le crachoir, l'ai-
guière, l'éventail et autres objets semblables, étaient placés de

---

[1] Le *Laksamana*, c'est le commandant en chef d'une flotte, c'est le
grand amiral. Ce nom est devenu légendaire dans tout l'archipel d'Asie,
à cause surtout des glorieux exploits accomplis par les amiraux des
rois de Malàka, et plus tard par ceux des sultans d'Atchin pendant les
guerres poursuivies avec acharnement pendant plus de cent ans pour
chasser les Portugais de Malàka.

[2] Le *Sri-Bidja-Diradja* était bien certainement le général en chef, le
maréchal de Malàka. Lui et le *Laksamana* possédaient les deux grandes
charges militaires, le *Laksamana* commandant les armées de mer et le
Sri-Bidja-Diradja commandant les armées de terre.

[3] Les titres de *sing satia* (le fidèle, le loyal), de *sing-gouna* (l'homme
utile, qui a de la valeur), de *touan-pakrama* (maître de distinction)
sont des titres d'origine javanaise. *Sing* correspond ici à notre article
le, et se change en *sang* quand il s'agit des princes; on dit, par exemple,
sang radja (le roi).

[4] Le *nakhoda* est un capitaine de navire. Le *nakhoda* est capitaine
et en même temps propriétaire du navire qu'il commande et de sa
cargaison. On comprend aisément combien cette condition sociale est
considérée chez un peuple essentiellement adonné au commerce et à
la navigation.

distance en distance, mais le plateau de *sirih* [1] et l'épée étaient à côté du Roi, à sa gauche et à sa droite. Le *Laksamana* ou le *Sri-Bidja-Diradja* portaient le glaive royal sur l'épaule.

Quand un ambassadeur arrivait ou s'en retournait, les serviteurs du Roi apportaient du palais des plateaux et des bassins ; le *Grand-Bantara* de droite les recevait et les déposait près du *Bandhara ;* un plateau et un *tetampan* [2] étaient donnés au porteur de la lettre. Si la lettre venait de *Pasey* [3] ou de *Harou* [4], on allait la chercher en grande pompe, avec tout l'appareil royal, avec tambours, flûtes, trompettes et cymbales, et aussi avec deux parasols blancs serrés l'un contre l'autre ; toutefois les *madali* [5] ne figuraient pas dans ce cortége. Les ministres marchaient devant l'éléphant, les *Bantara* derrière avec les *Sida-Sida;* le chef des pages portait la lettre et l'éléphant était amené tout contre la salle d'audience. Ces honneurs

---

[1] Le *sirih* se compose, comme on sait, d'une feuille de *bétel*, dans laquelle on enveloppe un petit morceau de noix d'arek, de la chaux tirée des coquillages de mer et un peu de *gambir*.

Dès l'âge de huit ou dix ans, les Malays des deux sexes commencent à chiquer du *sirih*, et ils ne quittent cette habitude qu'avec la vie.

[2] Le *tetampan* est une écharpe de cérémonie qu'on pose sur les épaules.

[3] *Pasey*, sur la côte nord-est de Sumatra, fut un royaume d'assez grande importance pendant le cours du xive siècle de notre ère. Vers la fin de ce siècle-là même, il tomba au pouvoir des souverains de *Madjapahit*, et plus tard il devint dépendant d'*Atchin*. La ville de *Pasey* est située dans une magnifique baie où le bétail, les grains et toutes sortes de provisions abondent. Près du rivage de cette baie, il croit de beaux arbres, qu'on transporte en grande quantité à Malàka et à Batavia, où on les emploie à la màture des plus grands vaisseaux.

[4] Le pays d'*Arou* ou *Harou*, dont les historiens portugais font souvent mention, était limitrophe de celui des *Battaks* ou *Battas* et s'étendait jusqu'aux bords de la rivière de *Rakan. Mendez Pinto* cite plus d'une fois la ville d'*Arou.* Ce pays fut souvent en guerre avec *Atchin.*

[5] Le *madali* est un instrument de musique dont on n'a pas encore

étaient rendus aux Rois de *Pasey* et d'*Harou*, parce qu'ils étaient aussi grands que le Roi de *Malaka* ; jeunes ou vieux, ils recevaient les mêmes marques de respect. Parvenue à la salle d'audience, la lettre était reçue par un *Holobalang;* après quoi le *Grand-Bantara* de droite faisait parvenir la lettre de salutation, puis le *Grand-Bantara* de gauche transmettait les paroles du Roi à l'ambassadeur. Si celui-ci, selon son rang, était venu à éléphant ou bien à cheval, il devait descendre en dehors de la porte extérieure. Si le Roi son maître était d'un peu plus d'importance, alors on lui accordait d'avoir des trompettes et deux parasols, un blanc et un jaune, et l'on faisait agenouiller l'éléphant en dedans de la porte extérieure, car autrefois il y avait sept portes à franchir avant d'arriver auprès du Roi.

Quand un ambassadeur était sur le point de partir, il était gratifié d'un vêtement d'honneur; cette coutume ne souffrait nulle exception, pas même pour l'ambassadeur de *Rakan* [1].

---

bien déterminé la nature, et que quelques-uns prétendent être un *cor de chasse*, le *bugle-horn* des Anglais.

Le *gandang* est une sorte de tambour.

Le *gandarang* est un tambour à deux fonds, c'est le tambour militaire ou tambour de guerre.

Le *noubet* paraît être le grand tambour royal qu'on ne bat que dans les cérémonies officielles, et particulièrement lorsqu'on proclame un roi.

Le *nafiri* est la trompette.

Le *sarouni* est la flûte ou le fifre.

Les *nakara* sont probablement ces petites timbales qu'on appelait autrefois des *nacaires* dans le midi de la France, où elles avaient été apportées par les Sarrasins venus d'Espagne.

[1] *Rakan* était un tout petit État de la côte nord-est de Sumatra, à l'ouest du territoire plus important de *Siak*. La rivière de *Rakan* se jette dans le détroit de *Malaka*: son cours est si rapide et la lame est si forte à son embouchure, qu'elle n'est pas navigable.

Lorsque c'était un ambassadeur à nous qui partait, la coutume était qu'il fût également gratifié d'un vêtement d'honneur.

Quand le Roi conférait un titre, la coutume était que Sa Majesté admît en sa présence le récipiendaire dans la Grande Salle d'audience ; ordre était donné d'aller le chercher, à un Grand, s'il était lui-même *per-sri-an;* à un homme de petite condition s'il était *per-sing-an* [1] : à un homme de moyenne condition, s'il était *per-touan-an.* Si le récipiendaire avait droit à l'éléphant, on l'amenait à éléphant ; s'il avait droit au cheval, on l'amenait à cheval ; et, s'il n'avait droit ni à l'éléphant ni au cheval, on l'amenait simplement à pied avec parasol, tambours et flûtes. Il y avait des parasols verts, il y en avait de bleus, il y en avait de rouges, mais les plus nobles de tous étaient les parasols jaunes et surtout les blancs : ceux-ci avec accompagnement de cymbales étaient la distinction la plus haute, les parasols jaunes avec les trompettes étaient aussi de très-grande valeur et réservés aux princes et aux grands dignitaires. Les parasols violets, rouges et verts étaient pour les *Sida-Sida,* les *Bantara* et tous les *Holobalang.* Les parasols de couleur bleue étaient pour les personnages à qui l'on allait conférer un titre. Or donc, après que le récipiendaire était arrivé au palais, on le faisait attendre en dehors de la Salle d'audience, et alors on lisait, en présence du Roi, une très-belle pièce composée par un des descendants de *Bath* [2].

---

[1] Ces noms dégagés de leurs affixes mettent en évidence les mots *sri, sing* et *touan.* Le premier signifie fortuné, glorieux, il est de beaucoup supérieur aux deux autres ; le second *sing,* qui est javanais, signifie un simple individu, un particulier ; le troisième signifie maître et correspond au *gentleman* des Anglais.

[2] *Bath* est un personnage fabuleux des légendes hindoues-malayses sorti de l'écume vomie par le taureau blanc, monture de *Sang-Seporba,* le descendant d'Alexandre le Grand et de la fille du roi *Kidâ-Hindi.* C'est de ce *Bath* et de sa postérité que descendent les conteurs d'histoires des temps anciens, dit l'auteur des Annales des rois ma-

Lecture faite de cette pièce, on la portait au dehors où elle était remise aux personnes de la famille du récipiendaire : pendant ce temps-là ce dernier était revêtu du *tetampan* par le lecteur de la pièce, lequel l'introduisait dans la salle et faisait étendre une natte en tel endroit qu'il plaisait au roi de désigner, afin qu'il pût s'y asseoir. Si c'était pour un *Bandhara*, le vêtement d'honneur arrivait sur cinq plateaux ; pour le *hadjou* un plateau, pour le *kaïn* un plateau, pour le *destar* un plateau, pour le *sabei* un plateau, et pour le *ceinturon* un plateau. Si c'était pour un Prince ou un *Permantri-Satria*[1], il n'y avait que quatre plateaux et pas de ceinturon. Si c'était pour un *Bantara*, un *Sida-Sida*, un *Holobalang*, il y avait trois plateaux, un pour le *kaïn*, un pour le *badjou*, un pour le *destar*. Pour certains récipiendaires, le vêtement tout entier était sur un seul plateau; pour certains autres il n'y avait point de plateau, et le *kaïn*, le *badjou* et le *destar* étaient alors de couleur bleu d'azur. Les serviteurs du Roi s'avançaient vers le récipiendaire, lui apportant le vêtement qu'ils lui suspendaient autour du cou, puis ils le conduisaient au dehors de la salle. Pour les ambassadeurs gratifiés d'un vêtement d'honneur, la coutume était la même, chacun selon son rang. Après l'arrivée du vêtement, le récipiendaire sortait pour s'en revêtir ; quand il en était revêtu, il rentrait, et alors on le décorait du fronteau et des bracelets. Tous les récipiendaires, en effet, portaient des bracelets, mais chacun selon son rang : bracelets formés de dragons munis d'un talisman, bracelets de pierres précieuses ou bracelets de simple métal, tels que bracelets faits de petits chaînons bleus ou bracelets d'argent. Les uns portaient des brace-

---

lays ; « *Adapun Balh-lah ilulah deripada anak tchu-tchugna assl orang membatcha tchéritra dahulo kâla.* » (Sadjerat malayou.)

[1] Les *Mantri* étaient les ministres ou conseillers d'État, le *Perdana* ou *Ferdana-Mantri* était un premier ministre, et le *Permantri-Satria* un ministre de race militaire.

lets aux deux bras, d'autres à un seul bras. Après qu'ils avaient salué Sa Majesté, ils étaient reconduits selon leur rang, soit par une escorte commandée à cet effet, soit par celui qui était allé les chercher. Ils étaient emmenés en cérémonie, les uns avec tambours et flûtes seulement, d'autres avec les trompettes, d'autres encore avec les cymbales. Il y en avait qui avaient le parasol blanc, mais le parasol blanc et les cymbales étaient d'une extrême rareté, car le parasol jaune et les trompettes s'obtenaient même très-difficilement dans ce temps-là.

Quand le Roi sortait un jour de fête dans son palanquin, le *Penghoulou-bandhari* tenait la tête du palanquin du côté droit et le *Laksamana* du côté gauche ; deux ministres le tenaient par derrière. Le *Sri Bidja Diradja* le tenait aussi, mais par une chaîne fixée près des pieds du Roi. Les *Bantara* et les *Holobalang* marchaient devant le Roi chacun selon son emploi. Tous les insignes de la royauté étaient portés par ceux qui marchaient devant le Roi ; l'une des lances royales était portée à droite, l'autre à gauche devant le Roi. Tous les *Bantara* avaient le glaive sur l'épaule ; ils étaient précédés de tous les hommes armés de lances. Devant le Roi était le *tchougân* [1], et devant le *tchougân* les gongs, les tambours et tous les instruments de musique, les cymbales à droite et les trompettes à gauche. Pendant la marche, c'était la droite qui avait le dessus ; dans les haltes c'était la gauche. Dans les occasions où figurait le tambour royal, il en était encore ainsi ; et de tous ceux qui étaient en avant du Roi, les petits marchaient les premiers. Les lances ornées de queues de vaches et les instruments ou engins de guerre étaient tout à fait en tête avec les musiques de toutes les diverses espèces. Derrière le

---

[1] Le nom *tchougân* vient du persan. Il s'appliquait, chez les Malays, à une sorte de pique royale, qu'on portait en tête des cortéges de cérémonie comme une marque de la royauté, en remplacement du vrai *tchaokan* persan, qui avait la forme d'un bâton recourbé par le bout, auquel était suspendue une petite boule de métal.

Roi marchaient le *Bandhara*, le *Kadi*, tous les grands dignitaires et tous les vieux conseillers. Lorsque le Roi sortait
monté sur son éléphant, le *Temonggong* était sur le cou de
l'éléphant, le *Laksamana* ou le *Sri Bidja Diradja* sur la croupe,
portant le glaive royal sur l'épaule. Si le tambour royal figurait
dans le cortége, tous les Grands étaient à gauche du tambour
et tous les petits à droite.

Ceux à qui l'on présentait le *sirih* de cérémonie étaient pre-
mièrement les princes et le *Bandhara*, puis le *Penghoulou-bandhari*, le *Temonggong*, les quatre ministres, le *Kadi*, le *Fakih*,
le *Laksamana*, le *Sri Bidja Diradja*, les vieux *Sida-Sida*, tous
ceux à qui c'était le bon plaisir du Roi de faire cet honneur, et
enfin les *Satria*. Si le *Bandhara* était présent, on offrait le *sirih* de cérémonie ; si le *Bandhara* n'était pas présent, on
n'offrait point le *sirih*, les princes eux-mêmes fussent-ils
présents.

Lorsque le Roi donnait une fête, c'était le *Penghoulou-band
hari* qui avait la surintendance du palais; c'était lui qui com-
mandait d'étendre les nattes, de décorer la Grande Salle, de
poser les tentures des plafonds; c'était encore lui qui avait la
surveillance des festins et présidait aux invitations : tous les
serviteurs du Roi, tous les *bandhari* du Roi, tous ceux qui
administraient les revenus du pays pour le Roi, tous, sans
excepter les *Sabandar* [1], étaient sous la direction du *Penghoulou-bandhari*. Après que le *Penghoulou-bandhari* avait convo-
qué les invités du Roi, c'était le *Temonggong* qui les faisait
placer. Dans la grande salle, les convives, depuis le premier
jusqu'au dernier, mangeaient quatre par quatre à un même
plat, et si ceux qui devaient ainsi manger ensemble ne se trou-

---

[1] Le *sabandar*, du persan *cháhbandar*, est l'officier préposé à la po-
lice d'un port et à la recette des droits de douane. C'est à lui que
doivent s'adresser tous les étrangers pour se procurer ce dont ils ont
besoin, soit pour eux-mêmes, soit pour le ravitaillement de leurs
vaisseaux.

vaient pas au complet, s'il n'y en avait que trois, ou deux, ou un, ils mangeaient ainsi tout de même, car il n'était pas permis à ceux qui occupaient les places inférieures de monter pour compléter le nombre de ceux qui étaient aux places supérieures. Le *Bandhara* mangeait seul ou bien au plat des princes. Telles étaient, jadis, les coutumes en vigueur à la cour de *Malaka*. Il y en avait encore beaucoup d'autres, et, si on les racontait toutes, certainement l'attention des auditeurs en serait fatiguée.

Au mois de *Ramadan,* quand arrivait la vingt-septième nuit, alors qu'il faisait encore jour, on allait en cérémonie se prosterner dans la mosquée ; le *Temonggong* conduisait l'éléphant ; le plateau de *sirih* et tous les insignes de la royauté étaient portés d'abord en cérémonie et au son des tambours à la mosquée. La nuit venue, le Roi partait pour la mosquée, selon la coutume des jours de fête ; puis, après avoir terminé toutes ses prières, il se mettait en marche pour revenir. Le lendemain de ce jour, le *Laksamana* portait en cérémonie le turban, parce que la coutume des Rois malays était de partir pour la mosquée coiffés du *tongkoulok* [1] et revêtus du *badjou* et du *sarong*. Il était interdit de porter ce costume dans les noces ; ce n'était que par faveur spéciale qu'on était autorisé à s'en revêtir. Il était encore interdit de s'habiller à la mode de *Kling* [2] ; pourtant ceux qui, précédemment, avaient porté ce genre de vêtements, pouvaient encore le porter dans les cérémonies religieuses, ou bien aux noces.

Aux jours de fêtes, petites ou grandes, le *Bandhara* et tous les Grands se réunissaient dans le palais du Roi, et le palan-

---

[1] Le *tongkoulok* paraît être un turban orné d'un diadème.

[2] Le nom de *Kling* ou *Keling* est communément employé par les Malays et les peuples de l'extrême Orient pour désigner non-seulement les habitants du pays de *Télinga* ou *Kalinga*, mais encore ceux de toute la côte de Coromandel.

quin était amené en cérémonie par le *Penghoulou-bandhari*. Aussitôt qu'on apercevait le palanquin, tous ceux qui se trouvaient dans la grande salle descendaient ensemble, puis ils se tenaient debout et en rang ; alors on battait du tambour sept fois, et à chaque batterie les trompettes sonnaient. Après la septième batterie de tambours et sonnerie de trompettes, le Roi partait monté sur son éléphant et se dirigeait, en cérémonie, vers l'*astaka* [1]. A la vue du Roi sur l'*astaka*, tous les assistants s'asseyaient à terre, à l'exception du *Bandhara*, qui était monté sur l'*astaka* pour recevoir le Roi. Le palanquin était approché tout contre l'*astaka* ; le Roi montait sur le palanquin, puis il partait pour la mosquée, comme il a été dit précédemment.

Telles étaient, jadis, les coutumes des Rois malays ; je les ai rapportées telles que je les ai entendu raconter. Si ceux qui ont suivi mon récit avec attention y découvrent quelques erreurs, qu'ils veuillent bien, je les en prie, les corriger et ne pas me les imputer à faute.

---

[1] L'*astaka* était une sorte d'estrade temporaire élevée pour le Roi, en dehors, mais à proximité du palais des rois de Malâka

Paris. — Imprimerie de madame veuve Bouchard-Huzard, rue de l'Éperon, 5.